Norbert Golluch

Gegen den Steinbock ist Dagobert Duck ein kopfloser Verschwender

Bibliografische Information der Deutschen Nationalbibliothek:
Die Deutsche Nationalbibliothek verzeichnet diese Publikation in der Deutschen Nationalbibliografie. Detaillierte bibliografische Daten sind im Internet über http://dnb.d-nb.de abrufbar.

Für Fragen und Anregungen:
info@rivaverlag.de

1. Auflage 2018

Nymphenburger Straße 86
D-80636 München
Tel.: 089 651285-0
Fax: 089 652096

Es handelt sich bei diesem Buch um eine überarbeitete Neuausgabe des Titels »Quatsch-Horoskop« von Norbert Golluch, erschienen 1990 im Eichborn Verlag.

Redaktion: Christiane Otto
Umschlaggestaltung: Laura Osswald
Umschlagabbildung: Shutterstock/Danilo Sanino, iStock/macrovector
Satz: Daniel Förster, Belgern
Druck: Graspo CZ, Tschechische Republik
Printed in the EU

ISBN Print 978-3-7423-0282-3
ISBN E-Book (PDF) 978-3-95971-752-6
ISBN E-Book (EPUB, Mobi) 978-3-95971-753-3

Norbert Golluch

Gegen den Steinbock ist Dagobert Duck ein kopfloser Verschwender

DAS GNADENLOS EHRLICHE HOROSKOP

Inhalt

Steckbrief
Der starrsinnige Steinbock

22. Dezember - 20. Januar

Element: Erde
Planet: Saturn
Metall: Silber
Farbe: Schwarz und Braun
Edelstein: Diamant, Achat, Amazonit, Aventurin, Hämatit, Onyx, Perle
Magische Zahl: Vier
Tag: Samstag
Tier: Ziege
Pflanze: Apfelbaum
Blüte: Efeu
Ideale Nahrung: Fleisch
Positiv: denkt superpraktisch, macht gern den Leithammel (das macht er auch ganz gut), kann Ordnung halten (auch für andere!), konfliktstark (guter Türsteher), asketisch (geringe Unterhaltungskosten)
Negativ: sicherheitsbedürftig wie die CIA, asketisch (zu keinerlei Ausschweifungen zu gebrauchen), braucht Streicheleinheiten
Themenkreise: Arbeit, Arbeit, Arbeit und Arbeit, wie man als Asket mit noch weniger auskommen kann; privat: die eigene spirituelle Verwirklichung, die neuesten Gebete und Mantras, Berichte über die eigenen Versuche, ohne besondere Kosten irgendeinen Gipfel (auch der Lust) oder sonst wie die Erleuchtung zu erlangen

Der Standardtyp

Von magerer Gestalt, Falten im Gesicht, gebeugter, steifer Gang, breite Wangenknochen, spitzes Kinn, Schweinsäuglein, mickriger Haarwuchs - schön sollen Steinböcke nicht sein. Männliche Steinböcke erinnern in ihrem Aussehen an eine Schrumpfversion des Zauberers Merlin, weibliche an die drei Hexen aus Shakespeares *Macbeth* - so hässlich wie alle drei zusammen ...

Aber lassen Sie sich nicht täuschen - die meisten Steinböcke sehen heutzutage ganz anders aus und verbergen ihr wahres Ich hinter einer attraktiven Maske - alles Tarnung!

Der Charakter

Tüchtig, fleißig, lernwillig, schlicht, bescheiden, ehrgeizig und strebsam, konzentriert auf das Wesentliche, unnachgiebig, geduldig ... Hört sich das alles nicht nett an? Der Steinbock will, so scheint es, offenbar unbedingt der Musterknabe unter den Sternzeichen sein. Die Wirklichkeit sieht anders aus: Steinböcke sind misstrauisch, starrsinnig, autoritär und autoritätsgläubig - sie treten nach unten und buckeln nach oben. Weiter gelten sie als unflexibel und wenig anpassungsbereit, trocken, humorlos, geizig und pfennigfuchserisch (centfuchserisch?). Zu dieser eh schon wenig sympathischen Ansammlung von Negativa kommt noch ein seltsames Paradoxon hinzu: Steinböcke sind in der Jugend alt, dafür aber im Alter jung. Während sie mit sechs Jahren den Kindergreis mimen, stellen sie mit 72 dem jungen Gemüse nach. Sehr nett! Und so unheimlich kalkulierbar!

Apropos nachstellen: Steinböcke zeichnen sich durch scheinbar unerschöpfliche Energie und Ausdauer aus und lieben das Spiel um Angriff und Widerstand. Wehe dem, der einen liebestollen oder aggressiven Steinbock am Halse hat! Aggressiv, zumindest verbal, lieben es Steinböcke überhaupt: Ironie und Satire imponieren ihnen ungemein, und sie versuchen ständig selbst, scharfzüngige Anmerkungen von sich zu geben – meist mit kläglichem Erfolg. Aber wehe, wenn ihnen selbst jemand kritisch zu nahe tritt! Steinböcke brauchen Bewunderung und Respekt, um ihren Erfolg genießen zu können. Ein Wort der Kritik macht ihnen alles mies, und sie rennen tagelang mit Grabesmiene herum.

Dieser Gesichtsausdruck ist auch allen Mitgliedern einer Familie bekannt, in der Steinböcke leben. Besonders als Familienoberhaupt können Steinböcke ihre »Untertanen« mit dieser finsteren Art des Liebesentzugs bestrafen. Dabei sagen dieselben Steinböcke von sich, dass sie ihre Familie über alles lieben und ihnen nichts wichtiger ist als ein trauter Abend im Familienkreise.

Klar, dass Steinböcke bei ihrer politisch konservativen Grundeinstellung auf das Auslaufmodell »Familie wie früher« stehen. Ganze Wochen können sie in Pantoffeln vorm Kamin verbringen – und sie fühlen sich dabei auch noch wohl ...!

Neuem gegenüber gebärden sich Steinböcke äußerst skeptisch und abwartend. Es waren Steinböcke, die bis ins letzte Jahrhundert Faustkeil und Steinplatte nutzten. Es kostete sie Überwindung, Füllfederhalter oder Filzstift zu verwenden. Es vergehen Jahrzehnte bis ein Steinbock freiwillig das Betriebssystem seines Computer wechselt. Sie wissen sicher schon, welches Sternzeichen heutige Windows-95-Nutzer haben.

Nein, neumodischer Schnickschnack macht Steinböcke skeptisch. Viel mehr schätzen sie Dinge, die Historie und Tradition ausstrahlen. Was Wunder, dass es in der Wohnung von Steinböcken aussieht wie in Harry Potters Rumpelkammer – so mögen es Steinböcke halt geschmacklich. Modernes Design fliegt gleich im hohen Bogen zum Fenster hinaus. Nur das historisch Gewachsene, das traditionell Abgesicherte kann vor dem Blick eines Steinbocks bestehen: Ritterrüstungen, holzgetäfelte Bibliotheken voller Lutherbibeln, antike Truhen, Schwerter und Keuschheitsgürtel, die manche, mit Steinböcken verheiratete Frauen auch noch tragen (müssen). Wen wundert es, dass die herrlichsten Wagenradlampen und die wuchtigsten Fossilientische in den Wohnungen und Häusern von Steinböcken stehen. Auch junge Steinböcke machen da keine Ausnahme. Antiquitäten, Stilmöbel, Münzen, Kristall und Tafelsilber werden in unglaublichen Mengen rangeschafft – und jedes einzelne Stück muss von Anno Tobak stammen. Steinböcke sind so konservativ, dass sie vermutlich am liebsten in Höhlen hausen würden, bei Fackellicht und Mammutschnitzel.

Aus grauer Vorzeit stammen auch die Umgangsformen von Steinböcken. Sie legen ungemeinen Wert auf gute Sitten und gepflegte Manieren – bei anderen. Sie selbst hingegen muffeln herum, wenn sie meinen, andere benähmen sich daneben.

Wenn Steinböcke etwas hassen, so sind das schnelle Entschlüsse. Bevor ein Steinbock sich aufgerafft hat, sich ein paar Biere hinter die Binde zu gießen, sind alle anderen blau und alle Kneipen haben Sperrstunde. Vermutlich verbringen schon deshalb Steinböcke 99 Prozent ihrer Abende auf dem Sofa daheim – ein Plus für ihre Gesundheit. Weniger positiv wirkt sich die mangelnde Spontaneität der Steinböcke in den Bereichen Beruf oder Politik aus. Konzerne gehen pleite, bevor ein Steinbock-Manager sich zu Gegenmaßnahmen entscheiden kann. Ganze Weltreiche brechen zusammen, wenn »entschlussfreudige« Steinböcke am Ruder sind. Bestes Beispiel: Konrad Adenauer. Es musste erst Ludwig Erhard ran, weil »der Alte« sich einfach nicht dazu durchringen konnte, das Wirtschaftswunder auszurufen.

Zu allem Überfluss bilden sich Steinböcke auch noch ein, echte Menschenkenner zu sein. Nur sie selbst, so glauben sie, können Zuneigung von Heuchelei, ein echtes Interesse an ihrer Person von emotionaler Ausbeutung unterscheiden. Kein Wunder, dass sie häufig in Schwermut und Depression verfallen, weil sie bei ihren Mitmenschen statt wahrer Zuneigung nur Desinteresse oder Hohngelächter verspüren. Wer will mit so einem Bock schon was zu tun haben?

Trotz dieser beeindruckenden Liste der üblen Eigenschaften nennen sich Steinböcke bieder und bodenständig. Ziehen wir die Summe aus den genannten Wesenszügen: Steinböcke sind greisenhaft-jugendlich-bieder, aber zugleich versponnene Musterknaben mit lästig-hartnäckigen Energiereserven und autoritärer Grundgesinnung – so eine Art hochalpiner Superman mit Spießerattitüde.

Der Lebenslauf

Noch in den Windeln geht es dem kleinen Steinbock vor allem um eines: Besitz. Er rafft alles heran, dessen er habhaft werden kann und rückt nichts mehr heraus. Wird das Steinbock-Kind etwa ein Jahr alt, findet sich jedweder Wertgegenstand des elterlichen Haushaltes in seinem Kinderwagen wieder. Eltern, die ihm etwas wieder abnehmen wollen, kriegen massives Holzspielzeug oder gar das Fisher-Price-Glockenspiel vor die Glocke. Bereits im Kindergarten ist es ein Steinbock, der die meisten Yu-Gi-Oh-Karten und Monsterfiguren in seinem Besitz hat. Im Grundschulalter erfreuen sich Steinböcke schon eines beachtlichen Sparguthabens, und wenn andere das Abitur machen, legen Steinböcke den Grundstein für ein luxuriöses Eigenheim. Besonders stolz sind alle Steinböcke darauf, dass sie sich ihren Palast selbst erarbeitet beziehungsweise vom Munde abgespart haben. Kein Angehöriger eines anderen Sternzeichens kann so sparen wie ein Steinbock. Nichts, aber auch gar nichts gönnen sie sich und ihrer Familie, bis das Eigenheim steht. Steinböcke, die bauen, erkennt man unter anderem an ihrer völlig abgetragenen Kleidung und an ihrem hungrigen Blick: Nichts Essbares ist vor ihnen sicher, wenn es nur umsonst ist. Steinböcke mit Bauabsicht fressen beim Kinderarzt das Glas mit Belohnungsbonbons leer und räumen im Supermarkt jeden Probierstand in kürzester Zeit.

Steht die Familienhütte einmal, wird Vermögen angehäuft. Erst wenn Steinböcke das Greisenalter erreicht haben, raffen sie irgendwie, dass Geld nicht alles ist, flippen dann manchmal völlig aus und verprassen ihren Besitz – allerdings nur sehr, sehr manchmal.

Die glücklichen Jahre

… liegen zwischen dem 16. und dem 33. Lebensjahr – vermutlich, weil es sich in diesen Jahren am meisten lohnt, Bausparverträge abzuschließen und in diesem Zeitraum das beste Eintrittsalter für eine Lebensversicherung liegt.

Steinböcke im Beruf

Typische Steinbock-Berufe sind Wirtschafts- und Kommunalpolitiker, Manager oder Gewerkschaftsvertreter. Auch die Vertreter zahlloser Lobbys im Bundestag sind Steinböcke. Als Baumeister, Poliere oder Architekten stoßen sie sich auf dem Bau die Hörner ab, als Immobilienmakler, Hypothekenvermittler, Landvermesser oder behördlich bestellter Vormund bringen sie ihren Mitmenschen das Haarespalten, Millimeter- und Pfennigfuchsen bei.

Als Redakteur oder Lektor nerven gewisse Steinböcke ihre Autoren bis aufs winzigste Komma. Zu ihrer Ehrenrettung muss man aber sagen, dass Steinböcke die Rechtschreibreform bis zur letzten Minute bekämpft haben.

Ihre Handelsbegabung und ihre überpenible Kalkulationskunst zeigen Steinböcke vor allem in Geschäften, bei denen es um Nahrung oder Kleidung geht. Trotz der geringen Gewinnspannen in diesem Bereich verstehen sich Steinböcke darauf, sich an den Grundbedürfnissen der Menschen eine goldene Nase zu verdienen.

Wieder andere Steinböcke ziehen es vor, ihren Mitmenschen als Theologen bis ins kleinste Detail vorzuschreiben, wie sie zu leben haben. Wer abweicht, hat den Pfad der Tugend verlassen und droht, in irgendeinen Höllenschlund zu stürzen.

Im künstlerischen Bereich werden erdhafte Keramik und heldische Bildhauerei bevorzugt. Für nennenswerte Malerei und Musik denken Steinböcke einfach zu kleinkariert.

Handwerklich begabte Steinböcke werden Schuhmacher, Töpfer, Schornsteinfeger (vermutlich, weil sie dabei alpine Gefühle entwickeln können) oder Steinmetz.

Die einzig wirkliche Stärke des Steinbocks: Berufe, in denen Einsamkeit eine Rolle spielt. Steinböcke sind wirklich prima als Nachtwächter oder Leuchtturmwärter.

Die Karriere der Steinböcke ist programmiert. Als Realisten, Tatmenschen und Arbeitstiere räumen sie jedes Hindernis aus dem Weg und verfolgen mit letzter Konsequenz ihr Ziel, plangenau und unbeugsam. Wer sich in den Weg stellt, wird sachlich, aber effektiv beiseitegeräumt. Wer mit Steinböcken in Konkurrenz tritt, muss entweder ein Löwe sein oder nicht alle Tassen im Schrank haben. Steinböcke neigen zu perfekt geplantem, verdecktem Kampf voller List und Tücke und fallen aus dem getarnten Hinterhalt über den Gegner her. So haben sie zum Beispiel das Mobbing erfunden. Auch Niederlagen oder Rückschläge halten Steinböcke nicht auf. Leider wählen sie oft die falschen Berufe für einen wirklichen Aufstieg: Wohin will man als Leuchtturmwärter schon aufsteigen?

Trotz ihres ausgesprochenen Erfolgsstrebens krebsen Steinböcke oft die erste Hälfte ihres Lebens als Angestellte irgendwo in der unteren Hälfte der Karriereleiter herum, denn ihr Erfolg baut sich klein-klein, Steinchen für Steinchen auf. Auch fehlt ihnen offenbar der Blick für den ganz großen Wurf. Die Früchte ihrer Arbeit – Reichtum, Besitz, Unabhängigkeit – genießen Steinböcke daher oft erst im Alter. Erst wenn ihnen das Lenkrad aus den zittrigen Fingern gleitet, können sie sich den Porsche leisten, gönnen sich ihn aber immer noch nicht. Dafür werden sie mit zunehmendem Alter im Kopf um so kindischer. Das scheint die Strafe des Himmels für allzu viel Arbeitsdisziplin zu sein.

Haben Steinböcke erst einmal eine gewisse Höhe erreicht, werden sie oft leichtsinnig und neigen zu Abstürzen, nicht nur der beruflichen oder alkoholischen Art, wenn ihre Sterne ungünstig stehen. Das ist oft die einfachste Art, einen unliebsamen Steinbock-Konkurrenten loszuwerden: Warten Sie einfach, bis ihn sein Schicksal ereilt!

Noch ein Tipp für potentielle Steinbock-Arbeitgeber: Steinböcke hassen Dienstreisen! Nicht einmal fette Spesen können sie locken. Lieber lässt ein Steinbock ein millionenschweres Projekt platzen, als dass er den Hintern aus seinem ergonomisch korrekten Bürostuhl hochkriegt.

Das Geld

Über Geld reden Steinböcke nicht - sie haben es. Auch wenn es nur zwei, drei Tausender sind, sie fühlen sich, als seien sie Rockefeller selbst und führen sich auch so auf. Nicht, dass sie mit Geld um sich werfen würden. Sie geben nur damit an, als könnten sie es tun ...

Tatsächlich ausgeben werden Steinböcke ihren Reichtum nur für bleibende Werte: luxuriöses Wohnen etwa. Dafür geben sie auch die letzten Mäuse her. Ekelhafterweise ist es ihnen auch noch vergönnt, den erworbenen Luxus echt zu genießen.

Ansonsten sind Steinböcke erzsparsam, um nicht zu sagen geizig. Geiz ist geil, ist das Motto des Skorpions, das Saturn vermutlich deswegen benutzt, weil Saturn auch der Planet des Steinbocks ist. Nur um zu sparen, laufen sie in kartoffelsackartigen Anzügen oder in Müllbeutelkleidern herum. Sie gönnen sich keinen Urlaub und wenn doch, dann in einer Unterkunft, die eher als Ziegenstall durchginge denn als Hotel. Hier scheint ihre zoologische Herkunft durchzuschlagen. Steinbock-Kinder bekommen in der Woche drei Cent Taschengeld und sonntags einen Cent extra - zum Verprassen.

Völlig klar, dass das Konto eines Steinbockes auf diesem Wege astronomische Höhen erreicht. Kommt noch hinzu, dass Steinböcke auch an der Börse ein Gespür für Geld entwickeln, geschickt zu hohe Risiken meiden und summa summarum dick absahnen. Die einzige Freude, die uns Neidern bleibt: Steinböcke haben nichts davon. Weder können sie Geld verspielen noch es sonst wie lustvoll aus dem Fenster werfen. Erst wenn der Steinbock ins Gras beißt, erledigen das die hocherfreuten Erben für ihn ...

Das Automobil

Steinböcke sind so konservativ, dass sie am liebsten im Zweispänner zur Arbeit fahren würden. Wenn es schon ein Automobil sein muss, dann am liebsten ein T-Modell von Ford oder ein Opel aus den 50er-Jahren. Da diese Fahrzeuge a) kaum zu bekommen sind und b) nicht eben sehr zuverlässig fahren, wählen wohlhabende Steinböcke heute Automarken mit Uraltimage: Bentley, Maybach oder Rolls-Royce – eben alles, was letztlich wie eine rollende Kartoffelkiste aussieht und ewig lange halten wird. Technische Daten oder Image eines Fahrzeugs sind Steinböcken völlig gleichgültig. Hauptsache konservativ.

Die Schokoladenseiten

Wie bitte? Welche Schokoladenseiten? Na ja, gut ... die meisten Steinböcke kennen sich halbwegs in den Alpen aus, sollte man meinen. Aber wozu soll das gut sein?

Die Schattenseiten

Steinböcke, die unter besonders ungünstiger Konstellation geboren sind, entwickeln einen geradezu aberwitzigen Geiz. Gegen einen solchen Steinbock ist Dagobert Duck ein kopfloser Verschwender und sind die Schotten ein Volk von Prassern und Lebemännern.

Der reine Horror

Hier die Horrorhitliste des Steinbockes:

- Horror 1: abzustürzen;
- Horror 2: was zwischen die Hörner zu kriegen;
- Horror 3: die Geldbörse oder den Überblick zu verlieren.

Die Gesundheit

Die bedeutendste der Gesundheitsgefahren für Steinböcke: Sie leiden ständig unter Zahnschmerzen, vermutlich, weil sie alles so verbissen sehen. Die sicherste Schutzmaßnahme: regelmäßige Zahnarztbesuche. Da aber Steinböcke vor den ständig steigenden Kosten sinnvoller Zahnbehandlung zurückschrecken, leiden sie weiter, laufen mit Kassenprothesen herum und beißen sich damit vor lauter Ärger ein Loch in den Bauch.

Da menschliche Steinböcke ihr warmes Fell eingebüßt haben, leiden sie häufig unter der Kälte. Das bringt sie nicht etwa dazu, ihre Wohnungen ausreichend zu heizen – viel zu teuer! Sie fangen sich Nierenleiden, Rheuma, Arthritis und Frostbeulen. Außerdem leidet ihre Haut in unseren Regionen unter dem Kontakt mit der Luft – es ist eben kein Alpenlüftchen – und entwickelt interessante Pusteln und Ausschläge. Einzige Gegenwehr: Ziehen Sie immer ordentlich was über, lieber Steinbock!

Weiterer Krisenpunkt in der Gesundheit des Steinbocks: der Bewegungsmangel. Die geradezu himmelschreiende Schlaffheit des Steinbocks lässt ihn Stunden und Tage auf dem Sofa hocken. Es sind immer in der Mehrzahl Steinböcke beteiligt, wenn eine Video-Orgie bei Bier und Chips länger als zwei Spielfilme mit Überlänge dauert. Steinböcke sitzen ganze Horrorfilm-Klassiker-Nächte auf einer Backe ab. Dabei würde ihnen Bewegung gesundheitlich so gut tun!

Auf die ungesunden Fressgewohnheiten von Steinböcken gehen wir im Kapitel »Die Lieblingsspeise« ein. Hier sei nur gesagt, dass sich Steinböcke so manche Verdauungsstörung anfressen. Schuld daran ist unter anderem ihre Sparsamkeit. Ob DDT-Gemüse oder Ekelfleisch - Hauptsache preisgünstig. Kommt ja eh alles in einen Magen.

Werden Steinböcke krank, sehen sie augenblicklich schwarz. Schon bei einem Schnupfen wissen sie mit absoluter Gewissheit: ›Es geht bergab mit mir, ich bin nicht mehr zu retten!‹ Ärzte und Angehörige müssen all ihre Überredungskünste aufwenden, um den kranken Steinbock zum Weiterleben zu überreden. Geldgierige oder rachsüchtige

Verwandte unterlassen derartige Hilfestellung manchmal nur zu gern. Allerdings nimmt die Abwehrkraft von Steinböcken gegen Krankheiten mit dem Alter zu - sie werden also immer gesünder. Fragt sich, woran Steinböcke sterben ...

Das Lieblingsgetränk

Die Trinkgewohnheiten des Steinbocks passen zu seinen Esssitten: Ob heiß, kalt, alkoholisch oder abstinent - gehaltvoll und konzentriert muss das Getränk sein, das dem Steinbock schmeckt. Kaffee, in dem der Löffel steht, übersüßer Kakao, gallebittere Magenschnäpse, die sich verschüttet in Sekunden mühelos durch die Tischplatte fressen würden, hochexplosiver Rum, Honig mit Milch, affenscharf gepfefferter Tomatensaft, Rotweinsorten kurz vor dem Gelierpunkt, Weißwein, der auch zum Ledergerben (Lebergerben?) geeignet scheint und Ochsenschwanzsuppe als Getränk zum fetten Gulasch - so mögen es die hochalpinen Bocksgesellen. Auf jeden Fall hält da kaum ein anderes Sternzeichen mit. Ach ja: Noch besser schmeckt es natürlich, wenn's umsonst ist.

Die Lieblingsspeise

Steinböcke lieben das Althergebrachte, Traditionelle - auch und vor allem, was die Größe der Portionen angeht. Vorsuppe, Vorspeise, zwei, drei Holzfällersteaks zu je 1200 Gramm mit reichlich Kartoffeln, Soße und Salat, später Käse, Dessert und Gebäck zum Kaffee sind ganz nach dem Herzen eines Steinbocks, wenn auch nicht gut für sein Herz. Steinböcke verzehren derartige Schwerathletenportionen aber meist nur, wenn sie gratis zu haben sind, auch wenn sie nur Buchhalter sind und den ganzen Tag über leidglich Bleistifte oder Formularblöcke stemmen. Anders gesagt: Steinböcke fressen gern viel zu viel, und nur ihre Sparsamkeit hält diesen Fresstrieb im Zaume.

Wenn es irgendwo derartig Nahrhaftes zu günstigen Nullkonditionen gibt, konzentrieren sich Steinböcke ganz aufs Essen und speisen in aller Stille; Steinböcke hassen Gespräche bei Tisch. Sie wollen lieber ganz und gar ungestört mit ihrem Eisbein und Sauerkohl oder ihrem Sauerbraten samt Knödeln kommunizieren. Wer dazwischen quatscht, stört die Kau- und Verdauungsprozesse.

Ganz halten sich Steinböcke jedoch nicht an traditionelle Kochrezepte. Das Kochbuch der Henriette Davidis rät zwar zur Verwendung von reichlich Butter und Eiern – von den Gewürzmengen, die Steinböcke heute verwenden, ist nicht die Rede. Steinböcke lieben es, sich mit ein paar Litern Chilisoße ein Loch in die Speiseröhre zu brennen oder sich nach drei Schaufeln Salz in der Suppe zum Blutdruckkönig auszurufen. Auch Maggi-Würze steht in hohem Kurs: Steinböcke beziehen sie gleich kanisterweise und erreichen so, dass alles den absoluten Einheitsgeschmack bekommt. Gewürze, die die Küchentradition nicht kennt, meiden Steinböcke beharrlich; Bomboe Sesate oder Zitronengras gehört doch nicht ins altdeusch-rustikale Gewürzregal! Wie würden solche exotischen Fragwürdigkeiten auch zum ererbten Tafelgeschirr und zum Silberbesteck passen, mit dem Steinböcke sich vorzugsweise die Kalorien reinschieben?

Das Lieblingslokal

Klar, dass es deftige, nach Schlachtfest und Räucherkammer riechende, altdeutsch gestylte Gasthäuser sind, in denen Steinböcke sich gegenseitig auf die Hufe treten. Dort treffen sie sich häufig mit den ebenfalls unmäßig fressenden Stieren, die sie als relativ leise (weil kauende) und häufig auch zahlende Tischgenossen durchaus schätzen. In solchen Lokalen sind Luftzeichen unerwünscht und werden meist weggemobbt: Wo so angestrengt abgebissen, gekaut, verschlungen und verdaut wird, ist der Gesellschaft und Gespräch suchende Wassermann oder Zwilling ein störender Faktor.

Auch von außen sind Steinbock-Lieblingslokale für den Außenstehenden leicht zu erkennen, denn neben einem unerträglich intensiven Küchenduft schlägt einem stets ein traditionsreicher Name entgegen: »Deutscher Vater« zum Beispiel oder »Zum Stammbaum«. Irgendwie liegt immer eine Ahnung in der Luft, der Kaiser oder zumindest Bismarck oder Adenauer im 300er Mercedes könne gleich vorfahren. Meist fährt aber nur der örtliche Landtagsabgeordnete vor – auch ein Steinbock. Und für ihn zahlt immer irgendein Wirtschaftslobbyist.

Wenn Sie einen Steinbock unbedingt bis aufs Blut beleidigen wollen, laden Sie ihn in einen Chinaimbiss oder ein anderes exotisches Lokal ein. Sie werden nie wieder von ihm hören. Allein dieser Tipp ist doch das Geld für dieses Buch wert, oder?

Das Lieblingstier

... ist der Steinbock, was sonst? Welches Tier kann dieser Prachtspezies schon das Wildwasser oder gar den Enzian reichen? Allenfalls noch die traditionsbewusste Schildkröte und andere Fossilien. Und selbstverständlich auch der Schwan, der als eine von wenigen Tierarten nicht wild in der Gegend herumbumst, sondern in lebenslanger Einehe lebt. Das imponiert dem Steinbock ungemein. Das sind noch Werte!

Es liegt auf der Hand, dass konservative Steinböcke alle Tierarten hassen, die unkonventionell und leichtfüßig in den Tag hineinleben: flatterhafte Schmetterlinge und Singvögel, ständig herumquakende Frösche, alle nutzlosen Eintagsfliegen und so weiter.

Die Sportart

Steinböcke lieben vermutlich Sportarten wie:

1. Bockspringen,
2. Bergsteigen,
3. Jodeln

und an jedem Freitagabend (Stammtisch!) auch das

4. Bockbier-Stemmen.

Das Smartphone

Smartphones? Welches Smartphone? Ein echter Steinbock kommt mit seinem Uralt-Nokia aus. Schließlich ist es ja ein modernes Gerät, man kann damit telefonieren und sogar SMS schreiben. Was braucht man mehr? Da also Angehörige dieses Sternzeichen intelligente Mobiltelefone zunächst für unnötiges Spielzeug halten, brauchen sie mehrere Monate länger als andere Menschen, bevor sie sich ernsthaft mit einem dieser Geräte auseinandersetzen. Dann allerdings benutzen sie es exzessiv als Arbeitsmittel und Ordnungshilfe. Sie brauchen halt etwas, bis sie es begreifen ...

Online

Auch hier gilt: Kein unnötiger Quatsch, aber was der Arbeit und der Ordnung dient, nutzt der Steinbock, auch wenn es digital ist: Textverarbeitung, Datenbank, Rechenblätter für Kalkulationen und Buchhaltung. Und das war es dann aber auch. Begeisterung für Computertechnik kommt selten auf, die Anschaffung eines Computers darf vor allem eines nicht: Das Budget des Steinbocks allzu sehr schmälern.

Das Lieblingsbuch

Steinböcke stehen auf Satire und Karikaturen – Schadenfreude ist ihre größte Freude. Sie besitzen meist eine große Kollektion derartiger Machwerke. Selbst auf dem Klo findet sich ein Band Tucholsky, Hermann Harry Schmitz' *Buch der Katastrophen* und stets die neueste Ausgabe der *Titanic*.

Ältere Steinböcke schätzen Romane wie *Die Geier-Wally*, *Via Mala*, *Herbstmilch* und andere hochalpine Werke.

Der Lieblingsfilm

Der absolute Hammerfilm aller Steinböcke ist *Die Geierwally*. Auch *Sissi* kommt an – die Dame war selbst Steinbock. Andere Spielfilme mit alpiner Gipfeldramatik locken auch jüngere Vertreter des Sternzeichens ins Kino, zum Beispiel *Cliffhanger*.

Die TV-Lieblingsserie

Vollkommen klar, dass *Der Bergdoktor* zum Biotop der Steinböcke gehört wie auch *Dahoam is dahoam* und *Die Rosenheim-Cops*. Gläubige Steinböcke schauen sich *Um Himmels Willen* an. Ein bisschen *Gute Zeiten, schlechte Zeiten* geht auch immer.

Die Lieblingsmusik

Pop, Rock, Hip-Hop, Lambada, Jazz – alles Schrott! Glauben zumindest Steinböcke. Gebildete Menschen dieses Zeichens hören nur Klassik, allenfalls Oper oder Ballettmusik. Es sind vermutlich zu 110 Prozent diese Steinböcke, die Karajan, Iglesias, Brüggen, Horowitz und Konsorten reich gemacht haben, zumal Steinböcke das Getöne meist nur von der CD genießen. Sie geben vor, fürs Konzert keine Zeit zu haben – tatsächlich tut es ihnen aber um die 136 Euro für die Eintrittskarte leid. Und eine CD kann man doch mehrfach abnudeln oder für andere Steinböcke brennen ... Einfachere Gemüter stehen auf sogenannte »Volksmusik« oder Country. Dolly Parton ist übrigens eine stimmstarke Steinbock-Frau.

Das Reiseziel

Amsterdam, Madrid, New York - jeder Ort der Welt, wo alte Meister hängen. Steinböcke sind versessen auf diese Gemälde, vermutlich weil die düsteren Farben sie so ungemein ansprechen. Auch am Rhein mit seinen Burgen und in sonstigen urdeutschen Gefilden haben Steinböcke den Tourismus fest in der Hand. Ansonsten reisen Steinböcke nicht sonderlich gern, am wenigsten im Ausland - schon wegen der ungewohnten Küche (igitt!).

Das Rauschmittel

Na was wohl? Enzian und Obstler natürlich! Steinböcke sind völlig versessen darauf, riechen alpine Schnapssorten kilometerweit, rennen in hellen Scharen herbei, wenn es welchen gratis gibt und können ihn gleich eimerweise vertragen, ohne blau zu werden. Beneidenswert!

Die Ausrede

Was sagt der angestellte Steinbock, wenn der Chef ihm einen funkelnagelneuen Taschenrechner überreicht? »Brauch ich nicht!« Drei hin, zwei im Sinn ...

Die Leiche im Keller

Schon so mancher Uralt-Steinbock hat in seiner Vergangenheit dem falschen Führer zugejubelt, die falsche Partei gewählt oder lauthals die immer noch gleichen ewig gestrigen Parolen verkündet. Mag sein, dass er nachts vor dem Spiegel heimlich noch die falsche Uniform trägt. Glücklicherweise jubeln heutzutage jüngere Steinböcke dem falschen Popstar zu, wählen das falsche Deo und verkünden lauthals die Werbespots von gestern, haben das falsche Handy und den falschen MP3-Player, während wir Angehörige anderer Sternzeichen immer alles goldrichtig machen ...

Die Glanztat

Steinböckin Catherine Booth (*17.1.1829) nahm es ernst mit den positiven Eigenschaften Ehrgeiz, Beständigkeit, Gewissenhaftigkeit und Organisation und gründete gemeinsam mit ihrem Gatten William Booth 1865 eine solche: die Heilsarmee. Leider zeigt sich heute, dass eine andere Eigenschaft der Steinböcke mit in ihr Lebenswerk eingeflossen sein muss: der Starrsinn. Noch immer weigert sich die Heilsarmee, halbwegs zeitgemäße Rockmusik zu spielen, sondern versucht uns mit Opa-Pop zu missionieren. Das geht natürlich in die Hose.

Der Flop

Welch ungemeinen Liebreiz Steinbock-Frauen entwickeln, beweist die geistvolle und schöne Charlotte Buff (*11.1.1753) aus Wetzlar, die sogar den ausgebufften Dichterfürsten Johann Wolfgang von Goethe um den Finger zu wickeln wusste. Zuerst half ihr der große Meister im Garten fleißig beim Bohnenschneiden, Unkrautjäten und wer weiß wobei noch. Als er aber herausbekam, dass sie auf einen seiner Freunde spekulierte und schon anderweitige Ehe- und Leasingverträge abgeschlossen hatte, spielte der verärgerte Dichterfürst nicht mehr mit. Er entschloss sich, sie als »Lotte« in seinem Bestseller *Die Leiden des jungen Werther* kommerziell auszuwerten. Woraus wir lernen, dass Horoskope zu nichts taugen, denn lesen Sie mal weiter, was auf den nächsten Seiten über Steinbock-Frauen zusammengeschrieben wird. Weiter begreifen wir, dass nicht jeder danebengegangene Anbaggerversuch für die Katz' gewesen sein muss und dass man mit etwas Glück ein Stück Weltliteratur daraus basteln kann.

Die Liebe

Erotisch sind Steinböcke meist Spätzünder und Blindgänger. Spätzünder sind sie, weil sie vor lauter Misstrauen und Unschlüssigkeit oft bis ins frühe Greisenalter brauchen – so um die 30 –, um sich zu einer Liebeserklärung durchzuringen. In früheren Jahren geht also gar nichts, unter anderem auch, weil Steinböcke fortschrittliche Kommunikationstechniken ablehnen. Und wie will man heute einen Liebespartner finden – ganz ohne ElitePartner und WhatsApp?

Doch wer glaubt, ein gesetzteres Alter brächte gediegene Reife hervor, irrt sich. Die Liebeserklärungen von Steinböcken, ob analog oder digital, fallen so aus, dass nur noch der Begriff Blindgänger den Verursacher einer solchen Schandtat treffend bezeichnet. Liebesschwüre von Steinböcken erinnern an Steuererklärungen oder Gebrauchsanweisungen. Sie sind so trocken, dass ganze Weltmeere verdunsten und so wenig erotisch, dass aus Lustmolchen wieder Kaulquappen werden. Hochzeitsnächte, an denen Steinböcke beteiligt sind, gehen in die Erdgeschichte ein – als globale Trockenperioden. Mondnächte, in denen Steinböcke um Liebe werben, verkommen zu Arbeitssitzungen in der Dunkelkammer.

Steinbock-Frauen

Sie verbindet die sexuelle Attraktivität eines Stubenbesens mit dem anheimelnden Wesen einer Energiesparlampe. Was Wunder, dass es oft Jahre oder gar Jahrzehnte dauert, bis sie einen Partner findet. Apropos Energiesparlampe – immerhin glüht in ihrem Innern etwas, wenn auch ziemlich kühl.

Die unnahbare Steinbock-Frau bietet ihren potentiellen Liebhabern aber neben einer gut versteckten Portion Leidenschaft, die erst nach jahrelanger Suche gefunden werden kann, viele weitere unterhaltsame Eigenschaften: eine Neigung zu nachtschwarzem Weltschmerz und satten Depressionen zum Beispiel. Oder eine tiefe Sehnsucht nach Romantik – keine einfache Aufgabe, denn wer gerät schon bei einer Frau ins Schwärmen, gegen die eine Schaufensterpuppe weich und kuschelig wirkt?

Weiter besitzen alle Steinbock-Frauen eine fette Dosis Eifersucht auf Frauen, die eventuell attraktiver sein könnten als die Steinbock-Frau. Und das sind eigentlich alle Frauen.

Weil jede Steinbock-Frau dies zumindest tief in ihrem Innern weiß, geraten manche so ab 25 in Torschlusspanik und versuchen, die letzten Reserven zu aktivieren, um endlich ein männliches Wesen aufzureißen. Eine solche Steinbock-

Frau trägt aggressives Lila und schminkt sich in ihrer Verzweiflung so stark, dass das Haupt der Medusa gegen ihr Gesicht wie ein Smiley wirkt. Sie können Männer in der Tat zu Tode erschrecken. Ältere Steinbock-Frauen brechen hin und wieder unter der Last ihrer Kosmetika und ihres Modeschmucks auf offener Straße zusammen.

Steinbock-Männer

Viele Frauen haben lange Zeit in dem Glauben existiert, der hinterletzte Macho sei ausgestorben. Irrtum, der hinterletzte Macho lebt, und sein Name ist Steinbock-Mann! Er braucht eine Frau aus gutem Hause mit guter Erziehung, die kochen und wirtschaften kann, damit er selbst überall seine Stinkesocken herumliegen und den großen Macker heraushängen lassen kann. Klar, dass es oft bis ins gesetzte Alter dauert, bis er eine Dumme findet.

Er selbst versteht das in keiner Weise, denn er hält sich für überaus attraktiv. Keine Frau hat etwas anderes vor, als ihn zu vernaschen, glaubt er, und nur sein Misstrauen und seine Zurückhaltung würden ihn davor erretten. Die Wirklichkeit sieht anders aus: Alle alleinstehenden Frauen verlassen augenblicklich mit Migräne jede Party, wenn ein Steinbock-Gast sich als solcher zu erkennen gibt.

Liebeserklärungen eines Steinbock-Mannes bringen Aquarien zum Gefrieren, und bei One-Night-Stands fielen selbst die Bettwanzen in Dornröschenschlaf, so erotisch ginge es zu – gäbe es welche (One-Night-Stands, nicht Bettwanzen). Spontanen Festen der Sinnlichkeit steht der Steinbock nämlich äußerst misstrauisch gegenüber, und lieber meditiert er eine Erregung in Grund und Boden, als dass er seine Partnerin zu einem Quickie aufforderte.

Einzig im Greisenalter flippt der Steinbock-Mann so richtig rum: Wahrscheinlich, weil er endlich rafft, dass er was verpasst hat, baggert der Lustgreis Teenies an und beginnt plötzlich das große Bock- und Seitenspringen. Das allerdings auch wieder nicht mit letzter Leidenschaft, denn seine Ehe – so ihn eine genommen hat – geht ihm über alles.

Die Anbaggerszene

Reisen Sie doch in die Vergangenheit unserer Erde und nehmen Sie sich doch einmal vor, den Alpen bei der Auffaltung zuzusehen. Wenn Ihnen das gelingt, können Sie im nächsten Schritt versuchen, einen Steinbock beim Anbaggern zu beobachten.

Das Sexverhalten

1. Die Hölzerne-Bengele-Stellung (Nur nicht zu weit vorwagen!)
2. Die Tapferer-Zinnsoldat-Stellung (Disziplin ist alles!)
3. Die Gestatten-Gnädige-Frau?-Stellung (Immer die Formen wahren!)
4. Die Bausparer-Stellung (Immer den Blick fest auf dem Kalender mit dem Wüstenbrot-Tag!)

Die Idealpartner

Mal vorausgesetzt, irgendwer will einen Steinbock: Mit Jungfrau und Stier geht es halbwegs. Fische, Wassermänner, Skorpione und Schützen schaffen es immer noch gerade, nicht vor Langweile einzuschlafen. Widder und Steinbock kriegen sich schnell an die Hörner, was aber anregend wirkt. Krebse stürzen Steinböcke in tiefe Depression und Waagen sind den alpinen Böcken zu flippig. Zwillinge und Löwen verbringen ihr Leben in reizloser Ödnis und Langeweile, wenn sie Steinböcke zum Partner wählen. Sie seien dringend gewarnt!

Um Irrtümern vorzubeugen – bei den folgenden Paaren geht es nicht um tatsächliche Konstellationen. Namen stehen nur für Typen und Charaktere. Wie sonst wären Paarungen über den Abgrund der Jahrhunderte hinweg denkbar? Doch die schwache Fantasie von uns Menschen braucht Anregungen, Vorstellungen, griffige Bilder, um zu funktionieren. Leider werden die meisten unserer Traumpaare in der Wirklichkeit nicht zueinander finden können.

Steinbock und Widder

Im Steinbock hat der Widder erotisch seinen Meister gefunden. Er treibt ihm die Flausen aus, holt ihn von seinen spinnerten Höhenflügen wieder zurück zur Erde und sagt ihm mehr als deutlich, wo es langgeht. Dem Widder ist es recht, auch wenn er manchmal dumm herummault. Auch dem überzogenen Bankkonto des Widders tut die Freundschaft mit dem bremskraftverstärkenden Steinbock gut. Der Steinbock profitiert auf andere Weise - Widder wirken auf Steinböcke wie ein Aufputschmittel. Statt sich in Melancholie zu aalen, regt er sich über die schwachsinnigen Ideen des Widders auf - eine schöne Verbindung zum Nutzen beider Seiten. In Wohngemeinschaften sind es übrigens oft Steinbock-Frauen, die Widder-Männer an die Hammelbeine kriegen, wenn diese sich um das Putzen im Treppenhaus drücken wollen.

Promi-Paar Widder-Steinbock: Rowan Atkinson (Steinbock) und Jürgen Drews (Widder)

»Ein Korn im Bettfeld ...« Jürgen, der Master of Desaster, ist schon wieder blau. Macht nichts, Rowan, seines Zeichen als Mr. Bean Master of Laughter, treibt sich wieder mal in England herum, weil er mit der furchtbaren kontinentalen Küche und dem Rechtsverkehr nicht zurechtkommt. Von Jürgens Paella al la Chaime und den Ballermanngesöffen kriegt er immer voll den sanitären Brexit. *Mr. Bean on the road*, da kann Jürgen mal wieder so richtig mit seinen drei oder vier Fans in der Wohnung herumsauen, damit Rowan etwas aufzuräumen hat, wenn er nach Hause kommt. Zum Glück wird Jürgen dann außer Haus sein, denn er hat noch ein wichtiges Openair-Konzert in Bergrheinfeld - oder war es in Bad Sassendorf? Huch, da kommt Rowan unerwartet schon viel früher heim. Jetzt gibt es Schimpfe, wenn nicht sogar was auf den Hintern - du Böser du, autsch! »Nicht so feste, Rowan, sonst gehe ich zurück zu den Les Humphries Singers!«

Steinbock und Stier

Eine sehr stille Verbindung - der mundfaule Stier und der schweigsame Steinbock verstehen sich auch ohne Worte; für die Umwelt oft etwas öde. Oder aber extrem nervend, denn Stier und Steinbock ergeben gemeinsam eine Anhäufung an Starrsinn, die jede kritische Masse weit überschreitet. Zudem ist die genannte Paarung eine Vernunftverbindung: Steinböcke sind strebsam, ehrgeizig, fleißig und bescheiden bis zum Geiz, und dazu kommt das ungewöhnlich erotische Verhältnis des Stieres zum Geld. Eigentlich keine Liebesverbindung, sondern eher eine Firma mit besten Profitaussichten, zumal der misstrauische Steinbock dem Stier auch noch finanziell auf die Finger sieht ...

Promi-Paar Steinbock-Stier: Janis Joplin (Steinbock) und Jack Nicholson (Stier)

Janis hat die Aufforderung ihres Astrologen ernst genommen, die für jeden Steinbock gilt: Lernen Sie es, das Leben in vollen Zügen zu genießen! Es gibt mehr als Karriere und Beruf! Jetzt kübelt sie täglich drei Flaschen Chivas Regal und zieht im Mercedes Benz mit Bobby McGee und seinen Freunden durch die Lokale der Stadt. Jack freut sich, dass seine Gattin das enge Korsett ihres Charakters gesprengt hat. Mit für sein Sternzeichen erstaunlichem Gleichmut betrachtet der Herr der tausend Fratzen ihr emotionales Aufleben und sucht sich selbst anderweitig Entspannung, zum Beispiel bei den Hexen von Eastwick oder er schaut mal bei den Prizzis rein. Wenn ihn aufkeimende Eifersucht beschleicht, ruft er bei der Plattenfirma an und lässt sich die letzten Verkaufszahlen ihrer Platten durchgeben. Dann atmet er befreit auf …

??

Steinbock und Zwilling

Kein besonders glückliches Paar. Der autoritäre und starrsinnige Steinbock geht dem lebhaften Zwilling auf den Nerv. Der Steinbock kann den ständigen Wortschwall aus dem Munde des Zwillings nicht ertragen, zumal er ihn als peinlichen Seelenstriptease versteht. Außerdem ist ihm, der als alpines Tier stets nach Höherem strebt, das ganze Wesen des Zwillings viel zu ineffektiv und viel zu wenig zielgerichtet. Zwar schätzt der Zwilling Zuhörer, aber er hasst es, wenn jemand dumpf brütend und in sich gekehrt vor ihm sitzt und in keiner Weise reagiert, wie es der Steinbock kann. Zudem schmerzt es ihn, der vor Neugier vergeht, dass der Steinbock nichts über sich selbst an die Außenwelt kommen lässt. Ein Paar, das zusammen passt wie ein Sexfilm ins Nonnenkloster. Oder wie ein Handy ins Symphoniekonzert.

Promi-Paar Zwillinge-Steinbock: Frank-Walter Steinmeier (Steinbock) und Veronica Ferres (Zwillinge)

Nein, glücklicherweise kamen sie nicht zusammen, auch wenn ihr Gerechtigkeitssinn immer dann angesprochen war, wenn ihn wieder jemand in den sozialen Netzwerken »Schleimeimer« nannte – da wurde wieder das Superweib in ihr wach. Doch als sie Frank-Walter am 12. Februar 2017 in der Bundesversammlung zum deutschen Bundespräsidenten wählen durfte, wusste sie: Der hat sein Schäfchen im Trockenen, ich kann bei meinem Maschmeyer bleiben. Was sie dann auch tat. Die Rolle als First Lady hätte ihr vermutlich ohnehin keinen Spaß gemacht – Frau Büdenbender macht das sicher besser. Ob Frank-Walter etwas von ihren Ambitionen wusste? Vermutlich nicht, warum sollte man ihn auch erst heiß machen, wenn ohnehin nichts läuft. Ein Monroe-Kennedy-Ding wäre das sicher nicht geworden.

Steinbock und Krebs

Kaum eine Verbindung kann so öde sein: Hier der gefühlsduselnde, heimwehkranke Krebs, dort der sture, autoritäre und starrsinnige Steinbock. Außer mit seiner geistigen Unbeweglichkeit fällt der Steinbock dem Krebs auch noch mit seiner peinlichen Strebsamkeit und Raffgier auf die Nerven. Kaum denkbar, aber der bis auf die Knochen geizige Steinbock streitet sich selbst mit dem Krebs um Geld, dem man sicher vieles, aber keine ausgesprochene Verschwendungssucht nachsagen kann. Also, Krebse: Scheren weg von diesem Fiesling!

Promi-Paar Steinbock-Krebs: Angelique Kerber (Steinbock) und Antoine de Saint-Exupéry (Krebs)

Antoine denkt an traute Zweisamkeit im noch trauteren Heim, das er mit Liebe und all den Segnungen aus dem Ikea-Katalog für sie eingerichtet hat, und er träumt von einem kleinen Prinzen. Doch sie hat nur eines im Sinn: Tennis! Als er ihr aus seinem neuesten Fliegerroman mit dem Absturz in der Wüste vorlas, hatte sie nur einen Gedanken: ›Wahnsinn, Antoine, wie viel Tennisplätze könnte man da bauen!‹ Peinlich findet Antoine auch, dass sie ihm seine ganzen Aphorismen mies macht. »Nur mit dem Herzen sieht man gut, so ein Quatsch«, hat sie gesagt. »Wer mit dem Herzen sieht, schlägt daneben!« Am schlimmsten findet er es aber, wenn Sie ihn vor seinen Schriftstellerkollegen »Toni« nennt – dabei heißt er doch mit vollem Namen Antoine Marie Jean-Baptiste Roger Vicomte de Saint-Exupéry. So viel Zeit muss sein!

Steinbock und Löwe

Großkatze und alpine Wildziege – das ist schon vom gesunden Volksempfinden her keine Liebesbeziehung, die zu großen Gefühlen beflügelt. In der Tat leben Löwen und Steinböcke eher aneinander vorbei. Während sich der Löwe an der Polstergarnitur die Krallen schärft, kraxelt der Steinbock sicher mit dem Sauerwäldischen Gebirgsverein in den südlichen Karpaten herum. Treffen sie zufällig einmal ... sagen wir, beim Frühstück zusammen, finden sie kaum ein paar freundliche Worte, denn der Steinbock ist ein unrasierter Morgenmuffel und der Löwe ist zu so früher Stunde meist zu sehr mit dem Polieren seiner Krone beschäftigt, als dass er Zeit für Konversation hätte. Außerdem findet er den Steinbock spießig und kleinbürgerlich, also weit unter seinem Niveau. Dafür hält der Steinbock den Löwen für einen unangenehmen Großkotz. Warum Löwen und Steinböcke dennoch manchmal zusammenleben oder gar verheiratet sind, bleibt eines der großen Rätsel des Tierkreises.

Promi-Paar Steinbock-Löwe: Sisi (Steinbock) und Napoleon I. (Löwe)

Während der große Herrscher in der Kellerbar neue Feldzüge plant und in seinem neuesten Taschenbuch *Die 1000 geilsten Strategien für Anfänger* nach der Lösung für das Rätsel von Waterloo sucht, hat Sisi schon wieder endlose Termine außer Haus. Morgens flippt Sisi mit ihrem Papi in den Bergen rum, nachmittags reitet sie mit Franz Joseph ein Stündchen auf dem Romantikpfad und am Abend streitet sie mit ihrer herrschsüchtigen Schwiegermutter, ob ihr Kosename nun mit einem oder zwei S geschrieben wird. Napoleon ist das egal, hat er doch die Schlossküche frei für seine militärischen Sandkastenspiele.

Steinbock und Jungfrau

Schier unerträgliche Harmonie in allen praktischen Dingen kann Nachbarn, Freunde (?) und Bekannte dieses Paares zur Verzweiflung treiben. Alles, aber auch alles betreiben sie gemeinsam. Sie putzen, produzieren Nachwuchs in Unmengen, räumen auf, mähen Rasen, verfolgen schadlos die dümmsten Fernsehserien, verprügeln ihre Kinder, bügeln ihre Banknoten, jagen im Keller Kellerasseln, werden reich, legen herrliche, unheimlich ordentliche Steingärten mit Alpenpflanzen an – und das alles so effektiv, dass uns gewöhnlichen Durchschnittspaaren die Haare zu Berge stehen. Außerdem ist der starrsinnige Steinbock eines der wenigen Sternzeichen, das der ätzend-ironischen Jungfrau Paroli bieten kann, wenn auch nur durch mucksiges Schweigen. Eine Verbindung, die wegen ihrer frustrierenden Belastung für die Mitmenschen per Umweltschutzgesetz verboten sein sollte.

Promi-Paar Steinbock-Jungfrau: Christine Lagarde (Steinbock) und Erich Honecker (Jungfrau)

»Was meinst du, Honi, sollen wir am Wochenende mit den Rothschilds und den Trumps ein paar Milliönchen verjuxen? Trüffel, Kaviar und Schampus in der Karibik? Das rechnen wir über den IWF ab, die knallen das den Griechen mit aufs Schuldenkonto!« Erich schüttelt das graue Haupt: »Ei verbipsch, was sollen denn da Karl, Friedrich, Mao, Fidel und die ganze Arbeiterklasse von uns denken? Camping in Zinnowitz muss reichen! Und außerdem muss ich am Wochenende den Trabbi waschen.« Erich ahnt, was jetzt wieder kommen wird: Sie schaut ihm tief in die Augen und sagt »Mon Cheri!« zu ihm, und er wird wieder zu Wachs in ihren Händen. »Na gut«, stammelt er, »dann eben doch Karibik. Gibt es da nicht auch Bananen?« Wer weiß, was aus der DDR geworden wäre, hätte er Christine tatsächlich getroffen ...

Steinbock und Waage

Wenn Waagen von Luxus und Eleganz träumen, klemmt bei Steinböcken der Verschluss des Portemonnaies. Selters statt Sekt und Ölsardinen statt Kaviar – das geht jeder Waage auf die Dauer aufs Gemüt. Dazu das ewige Geseiere von Gunstbezeugungen durch den Chef, baldigem sozialem Aufstieg, günstigen Geldanlagen und einer Zukunft im eigenen Häuschen, das dem Steinbock doch immer nur zu einer Art Ziegenstall gerät ... Zuviel für eine echte Waage! So ein Kleingartenapostel wie der Steinbock kann ihr absolut gestohlen bleiben!

Promi-Paar Steinbock-Waage: Stephenie Meyer (Steinbock) und Will Smith (Waage)

Zwei Fantasiewelten prallen aufeinander: Er jagt im schwarzen Anzug Außerirdische, sie hat immer neue schwarze Fantasien. Sie verkuppelt hübsche Mädchen mit blutleeren Vampiren, nämlich Bella mit Edward, er nennt sich Agent Jay, treibt sich mit einem Typen namens Agent Kay herum und rettet alle paar Augenblicke das Universum. Ihr stinkt es, dass er dabei immer denselben Anzug trägt, ihn stört es gewaltig, dass sie offenbar einen Biss in den Hals für die reguläre Art der Fortpflanzung der menschlichen Rasse hält. Das kann ja nichts werden, da kann sie lange warten – bis(s) zum Morgengrauen ...

Steinbock und Skorpion

Sie haben vieles gemeinsam: die Starrköpfigkeit und das Streben nach Sicherheit, Karriere und einem dicken Bankkonto. Dennoch trennt sie auch so manches: Steinbock wie Skorpion machen nur zu gern aus ihrem Herzen eine Mördergrube, in die besser niemand einen Blick wirft. Nur in dieser Konstellation sind Verbindungen möglich, in denen der eine Partner so gut wie gar nichts vom anderen weiß. Aber vielleicht ist gerade das der Grund, weshalb Steinbock-Skorpion-Beziehungen so lange halten. Die gefühlsmäßige Nähe oder ein gegenseitiges Verstehen jedenfalls sind es nicht. Eigentlich müssten sich Steinbock und Skorpion ihr Leben lang siezen.

Promi-Paar Steinbock-Skorpion: Elvis Presley (Steinbock) und Meg Ryan (Skorpion)

Irgendwie ein Bilderbuchpaar, seit er auferstanden ist und sie ihre schlaflose Phase in Seattle überwunden hat - aber irgendwie auch nicht. Er kohlrabenschwarz, sie affentittenblond. Er absolut macho, sie absolut klatscho. Er Hot Dog, sie Kaviar. Er »Love me tender«, sie *E-Mail*. Er Gott an der Gitarre, sie Göttin der Zigarre ... ach nee, lassen wir das. Denn über allem schwebt die bange Frage: Warum eigentlich? Und wie lange noch? Und wer bin ich, oder wer war sie? Schließlich und endlich: Wie ist das nun eigentlich mit dem Abgrund zwischen den Menschen?

Steinbock und Schütze

Auf den ersten Blick passen sie bestens zusammen – beide haben hochfliegende Pläne und Zukunftsperspektiven. Doch die Unterschiede werden schnell klar: Während der realistische Steinbock Backstein auf Backstein türmt und sein Eigenheim mit Car-Port und Sauna/Solarium realisiert und bald einziehen kann, kritzelt der Schütze an den Bauplänen für sein Luftschloss. Datum der Fertigstellung: Sankt-Nimmerleins-Tag ...

Nein, diese beiden Sternzeichen sind in der Weltsicht letztlich doch zu verschieden, um ein glückliches Paar abzugeben. Skepsis und Übervorsicht beim Steinbock kollidiert mit Leichtsinn und Veränderungslust beim Schützen.

Erst wenn ein Schütze nach exzessivem Liebesleben sexuell und erotisch auf Rente gehen will, ist ein Steinbock-Partner für ihn interessant. Und ein Steinbock kommt nur dann mit einem Schütze-Partner zu Rande, wenn er überdurchschnittlich gern allein ist – spätestens nach der zweiten Woche macht sich der Schütze nämlich auf die Socken ...

Promi-Paar Steinbock-Schütze: Jeanne d' Arc (Steinbock) und Walt Disney (Schütze)

Also nein! Gerade hat Jeanne den Rasen gemäht, das Schild mit der Aufschrift »Vive la révolution!« über der Einfahrt frisch gestrichen und die Beete des wunderschönen Gartens ihres Eigenheimes im Disneyland geharkt, das Walt in den ersten Tagen ihrer Liebe für sie gezeichnet hat. Alles ist unglaublich bunt, unglaublich niedlich, unglaublich idyllisch ... Da beginnt Walt mit Micky, Donald, Goofy, Tick, Trick und Track, Gustav Gans und Daisy auf dem Rasen Fußball zu spielen! Boing - semmelt der Ball in die Rabatten! Klirr - das war das neue Gewächshaus! Platsch - jetzt ist Donald ins Feuchtbiotop gefallen und ratsch - hat er ein Loch in die wertvolle Teichfolie gerissen! Flupps - klauen Tick, Trick und Track die prämierten Äpfel vom prämierten Apfelbaum! Rattazoing - nun ist Goofy auch noch gegen das Garagentor gerannt und hat eine tiefe, goofyförmige Beule hinterlassen. Überhaupt, die Freunde ihres Mannes hinterlassen Jeanne einen viel zu tiefen Eindruck! Das ist ja um Längen schlimmer als die Revolution! Und wer soll das bezahlen? Onkel Dagobert? Der rückt wie immer keinen einzigen Euro raus! Sollen Walt und seine Bagage doch weitertoben und das ganze Disneyland ruinieren! Noch heute, das.

++?

Steinbock und Steinbock

Eine Liebesbeziehung wird das nicht, aber eine glänzende Grundlage, um ein Anlageberatungsbüro oder eine Bausparkasse zu gründen. Mit Arbeitsrausch, Ehrgeiz- und Geizanfällen und verbissenem Wollen schaffen zwei Steinböcke ein Vermögen heran, das sie selbst zu Lebzeiten nicht mehr verprassen können – und auch nicht verprassen wollen. Das erledigen später die dankbaren Erben.

Die »rabenschwarze« Variante: Zwei Steinböcke schaukeln sich zu einer Orgie der Depression hoch, zu einer Flutwelle des Weltschmerzes, in der alles um sie herum mit ihnen untergeht, bis auf ihr Eigenheim, das Sparbuch und die guten Manieren.

Promi-Paar Steinbock-Steinbock: Uwe Ochsenknecht (Steinbock) und Gerburg Jahnke (Steinbock)

Wer hätte es gedacht, dass ausgerechnet er der Mann ist, den sie den ganzen Sommer über im Garten hält? Uwes innerer Macho wehrt sich nicht allzu sehr gegen diese weibliche

Form von Dominanz – man kennt ja seine Eskapaden. Sie mag seinen Dackelblick, und hin und wieder finden sie in spaßigen Rollenspielen zueinander: Er macht den Bullen, sie das Landei oder das Vorstadthuhn. Gegackert wird viel im Hause Ochsenburg, denn alle Augenblicke trifft sich Deutschlands weibliche Comedy-Elite von Albus bis Zink und probiert Gags aus. Schließlich ist Uwe das ideale Laborkaninchen. Und wenn er brav ist, darf er abends für Mia Mittelkötter und ihre Freundinnen aus dem Sauerland den Rockstar machen ...

Steinbock und Wassermann

Es bereitet dem Wassermann in Gemeinschaft mit dem stocktrockenen Arbeitstier Steinbock schon Mühe, seine heitere und gelöste Lebenseinstellung zu wahren. Der Steinbock will Nutzvieh, keine Paradiesvögel. Dennoch schafft es der Wassermann-Partner in dieser ungleichen und eigentlich unpassenden Beziehung fast immer, sich selbst über Wasser und den Steinbock bei Laune zu halten. Zum Glück bleibt dem Wassermann-Partner ja auch viel Zeit, sich anderweitig zu holen, was ihm an Kommunikation und Anregung fehlt, denn der Steinbock malocht sich ja halbtot und hat für seinen Partner tagsüber ohnehin kaum Zeit. Bleiben nur die langen Pantoffelabende am Kamin, die den Wassermann in den Wahnsinn intellektueller Unterforderung treiben …

Der gute Ruf des Steinbocks, sein Ein und Alles, kann allerdings manchmal arg in Mitleidenschaft gezogen werden, denn der Wassermann lässt nicht von seinen originellen und oft provozierenden Ideen. Ein weiteres Rätsel des Sternkreises - kein Mensch weiß, warum diese Verbindung manchmal stabil ist.

Promi-Paar Steinbock-Wassermann: David Bowie (Steinbock) und Malu Dreyer (Wassermann)

Sie haben vieles gemeinsam: Beide lieben den großen öffentlichen Auftritt und haben eine besondere Verbindung zu Berlin: Er war schon da, sie will noch hin. Beide sind vom Schicksal begünstigt: er als Musikikone, sie als Königin der Ampel. Doch es gibt auch trennende Fakten: Sie mag seine ständigen Ausflüge als Major Tom ins Weltall nicht, zumal er dabei eine Konservendose bevorzugt, er findet ihren ständigen Streit mit Julia, der Klöcknerin von St. Martin, ziemlich entnervend. Wenn ihre Beziehung mal wieder auf der Kippe steht, hat er ein Wundermittel: »Let's Dance!« - Und ab geht die Post!

+

Steinbock und Fische

Eine weitere unsymmetrische Verbindung – um sie nicht ausbeuterisch zu nennen. Der Steinbock biegt den schwachen Fisch für seine herrschsüchtigen und konservativen Vorstellungen hin und genießt ein angenehmes und bequemes Leben, während der Fisch bis über beide Kiemen in Arbeit steckt. Einzige Gegenleistung: Die starre und relativ sichere Weltsicht des Steinbocks bewahrt den Fisch vor Luftschlossprojekten und vor Abstürzen alkoholischer Art. Sonst hat er wenig von dieser Verbindung. Viele zarte Fische verkümmern unter der Fuchtel von Steinböcken ohne die Liebe und Zärtlichkeit, die sie so nötig brauchen ...

Promi-Paar Steinbock-Fische: Maybrit Illner (Steinbock) und Hannes Jaenicke (Fische)

Der sanfte Macho und die Talk-Tigerin – kann das gut gehen? Solange er nicht mit Erzkonkurrentin Anne Will anbandelt, sicher. Auch sollte er Maybrit besser nicht mit Sandra Maischberger verwechseln – das wäre dann peinlich. Und natürlich darf er auch nicht so unsensibel sein, sie zu stören, wenn sie ihren Hildegard-von-Bingen-Preis für Publizistik poliert oder die Goldene Kamera – das gehört sich einfach nicht. Er ist kein Fan ihrer Merkel-Frisuren und mag es nicht, wenn sie ihn schon beim Frühstück routinemäßig interviewt. Wenn sie ihn allzu sehr nervt, kämpft er zu allem entschlossen gegen Menschen mit cerebralen Defiziten oder er stürzt sich in ein neues Projekt zum Schutz von Grottenolmen, Seefledermäusen oder Yeti-Krabben – irgendwo, jwd ...

Berühmt-berüchtigte Steinböcke

22.12.1899	Gustaf Gründgens (Schauspieler)
23.12.1918	Helmut Schmidt
24.12.0000	Jesus von Nazareth (Gottes Sohn)
24.12.1837	Sisi – Elisabeth (Kaiserin)
24.12.1922	Ava Gardner (Schauspielerin)
24.12.1945	Lemmy Kilmister (Motörhead)
24.12.1973	Stephenie Meyer (Vampire)
24.12.1991	Louis Tomlinson (One Directon)
25.12.1954	Annie Lennox (Eurythmics)
25.12.1899	Humphrey Bogart (Schauspieler)
25.12.1932	Little Richard (Musiker)
25.12.1943	Hanna Schygulla (Schauspielerin)
25.12.1949	Sissy Spacek (Schauspielerin)
26.12.1914	Richard Widmark (Schauspieler)
26.12.1956	Michael Busse (Ex-Spider Murphy Gang)
27.12.1901	Marlene Dietrich
27.12.1925	Michel Piccoli (Schauspieler)
27.12.1961	Guido Westerwelle (FDP)
28.12.1925	Hildegard Knef
28.12.1934	Maggie Smith (britische Schauspielerin)
28.12.1953	Richard Clayderman (Musiker)

28.12.1954	Denzel Washington
28.12.1978	John Legend (Musiker)
29.12.1937	Dieter Thomas Heck (Moderator)
30.12.1928	Bo Diddley (Musiker)
30.12.1946	Bertie Vogts (Fußballer)
30.12.1986	Ellie Goulding (Sängerin)
31.12.1943	John Denver (Musiker)
31.12.1948	Donna Summer (Sängerin)
1.1.1942	Joe McDonald (Ex-Country Joe)
1.1.1956	Christine Lagarde (IWF Internationaler Währungsfonds)
1.1.1958	Grandmaster Flash (Musiker)
3.1.1929	Sergio Leone (Regisseur)
3.1.1946	John Paul Jones (Led Zeppelin)
3.1.1946	Olivia Molina (Sängerin)
3.1.1956	Mel Gibson
4.1.1942	John McLaughlin (Jazz und Rock)
5.1.1956	Frank-Walter Steinmeier
5.1.1975	Bradley Cooper (Schauspieler, *Hangover*)
6.1.1933	Emil Steinberger (Komiker)
6.1.1946	Syd Barrett (Pink Floyd)
6.1.1953	Malcolm Young (AC/DC)
6.1.1955	Rowan Atkinson (Mr. Bean)
7.1.1956	Uwe Ochsenknecht (Schauspieler)

7.1.1964	Nicolas Cage
8.1.1942	Stephen Hawking
8.1.1947	David Bowie
9.1.1960	Ulrike Mai (Schauspielerin)
10.1.1943	Jim Croce (Musiker)
10.1.1955	Michael Schenker (Scorpions)
12.1.1965	Maybrit Illner
13.1.1977	Orlando Bloom
13.1.1979	Joachim »Joko« Winterscheidt (Privatfernsehen)
14.1.1946	Howard Carpendale (Sänger)
14.1.1947	Ina Deter (Sängerin)
14.1.1955	Jan Fedder (Großstadtrevier)
15.1.1906	Aristoteles Onassis (Reeder)
15.1.1918	Gamal Abdel Nasser (ehem. ägyptischer Präsident)
15.1.1926	Maria Schell (Schauspielerin)
15.1.1945	Christian Anders (Musiker)
15.1.1947	Michael Schanze (Moderator)
15.1.1959	Pete Trenavas (Ex-Marillion)
15.1.1962	Horst Lichter (Kochen und Antiquitäten)
16.1.1931	Johannes Rau (SPD)
16.1.1935	Udo Lattek (Fußballer)
16.1.1948	Gregor Gysi (PDS)

16.1.1950	Damo Suzuki (Can)
16.1.1959	Sade Adu (Sängerin)
17.1.1899	Al Capone (Gangsterboss)
17.1.1949	Mick Taylor (The Rolling Stones)
17.1.1956	Paul Young (Musiker)
17.1.1959	Susanna Hoffs (The Bangles)
17.1.1964	Michelle Obama (Ex-First Lady)
18.1.1892	Oliver Hardy (Schauspieler)
18.1.1911	Danny Kaye (Schauspieler)
18.1.1955	Gerburg Jahnke (Kabarettistin)
18.1.1955	Kevin Costner
18.1.1958	Volker Pispers (Kabarettist)
18.1.1988	Angelique Kerber (Tennis)
19.1.1906	Lilian Harvey (Schauspielerin)
19.1.1939	Phil Everly (The Everly Brothers)
19.1.1943	Janis Joplin
19.1.1946	Dolly Parton (Countrysängerin)
19.1.1949	Mary Roos (Schlagersängerin)
19.1.1949	Robert Palmer (Sänger)
20.1.1971	Gary Barlow (Take That)